DISCOURS

PATRIOTIQUE

SUR LA

DECADENCE

DE LA

POLOGNE.

EN EUROPE 1787.

chés les libraires, qui vendent des nouvautés.

DISCOURS

PATRIOTIQUE

SUR LA DECADENCE

DE LA

POLOGNE.

Lorsqu'on vit hors de fon Pays natal, & on voit l'activité des Nations floriffantes, confiderant leur fyftême, leur perfection, leur po-

A 2

li-

litique, leur vigilence, leurs affaires, leur état, & en même tems leur defaut; on est plus à même d'analiser les imperfections, & l'etat precaire de son propre Pays, sous lequel il languit & est comme écrasé.

Quand on est bon citoyen, on est sensible à cet égard, on est plus interessé sur le sort de sa Patrie, que sur ses propres affaires; on soupire & l'on desire qu'elle fasse des efforts, qui puissent contribuer à la faire reflechir & à lui inspirer la necessité de s'eveiller d'une letargie qui l'abaisse, & qui la precipite dans l'anéantissement.

Si je possedois de hauts emplois dans le Pays, si je joussois du pri-privilége exclusif d'être d'une classe superieure parmi mes concitoyens; je craindrois peut être en disant la verité, de m'exposer à leur poursuites; mais n'etant qu'un simple mem-

membre de la Nation — vivant retiré, & plus oprimé fouvant, que confideré, je n'ai rien à rifquer du coté des partifans du Gouvernement anarchique, & n'ayant ni trop à efperer, ni prefque rien à craindre, je dirai franchement ce, que je penfe fut l'état de ma patrie. C'eft un d e v o i r, auquel chaque membre de la Nation paroit être obligé.

Ceux qui ont lû l'hiftoire depuis Charlemagne jusq'au quatorzieme fiecle, de l'Europe occidentale; favoir, de France, de l'Empire, de l'Efpagne, de l'Italie & de l'Angleterre; trouvent, que le portrait alors de ce Pays qui floriffent de nòs jours, raffemble totalement à l'état actuel de la Pologne.

Les Elections libres pendant plufieurs fiecles ufités en Allemagne, en France & en Angleterre, fourniffoient durant chaque Interregne

A 3   des

des guerres civiles, qui ne finiſoient,
qu'avec les dernieres ruines du
peuple & avec l'entermination des
familles entieres & de leur fortunes.

Les aſſemblées des Feodaux &
de la Nobleſſe de chaque Nation
formée en corp d'état, nourriſſo-
ient toujours des diſſentions, ren-
doient les Souverains foibles, precipitoient les états en deſordres,
ouvraient aux Papes Romains le
chemin d'empieter ſur le droit civil & ſur la ſouverainité temporel-
le, & de donner des motifs partout
au Clergé à des Intrigues & à l'ambition pour la Monarchie eccleſia-
ſtique, de manière que pendant 7
à 8 ſiecles, les Annales ne nous
fourniſſent conſecutivement, que
des Guerres continuelles entre les
Rois & les Feodaux, entre une &
l'autre Nation, entre le Clergé &
les Seculiers, enfin entre les fils &
les pères, dont l'inſtrument furent

preſ-

presque chaque fois l'esprit d'independance & de l'Anarchie fomen-
tée par la plupart des Ecclesiasti-
ques, des Papes & des Moines : où
on voit avec un oeil indiferent, que
les detronisations, les interdictions,
le sang repandû, l'ignorance, les
oppressions & la ruine des Peuples,
étoient le fruit du Gouvernement
feodal de la Noblesse, de la foiblef-
se des Trones & des Abus, dans
lesquels les Nations vieillisoient &
le genre humain gemit.

L'esclavage du Peuple & le droit
exclusif de chaque proprietaire sur
ses propres sujets, etouffait l'industrie
& le courage pour le travail & pour
s'en enrichir. Et ce fut la cause,
que nous ne vîmes jusqu'au quinzi-
eme siecle, ni des villes embelliés,
ni de commerce, ni l'agriculture,
ni de manufactures, ni des sciences,
ni des arts ; le fanatisme seul, la
superstition, l'ingnorance, la tyrannie & la barbarie passoient d'un

fiecle à l'autre, avitiffoient le genre humain & perfonne n'en fçut profiter que le Clergé feul, qui s'enrichiffoit en erigeant des riches monafteres, des Abbayes & des Evechés opulants & independants.

Ce n'eft pas mon bût ici d'écrire l'hiftoire de mon pays, ni celle des autres Nations, je ne veux, qu'interroger ceux, qui l'ont lû & qui la favent. Je leur demande quel forte de Gouvernement fût alors en Pologne, quand la Familles des Piaftes y regnoit, quand le Tron de Pologne occupoit la Moravie, la Silefie, la Pruffe, les Pomerelles, la grande & petite Pologne, la Mafovie? Quand il fut conquerant de la Ruffie rouge, & quand il eût de l'influence en Hongrie, en Tranfilvanie & dans la Bohême? Quand le Margraf de Brandenbourg lui rendoit l'homage! Ce n'étoit furement point fous le Gouvernement feodal, mais fous

les

les Princes souverains, qui regissoient cette vaste & immense Etendue des pays par le droit hereditaire, par le droit legislatif & monarchique. Tous les Monarques de la maison des Piastes, depuis Miecislas, jusqu'à Casimir le grand, eûrent le droit non seulement regner sans aucune restriction, mais encore de partager entre leurs Successeurs les Pays, qui leur appartenoient, comme fût entreautres Boleslas III. qui par le partage, qu'il fit de la Monarchie Polonoise entre ses trois fils, ouvrit le chemin à des guerres, qui durerent entre eux l'espace de 50 années.

Il étoit d'usage, il est vrai, de faire des assemblées en Pologne que les Monarques souvent convoquoient dans les extremes occurances des affaires civiles, mais ces convocations n'avoient jamais la forme, comme celle qui comparût dans la suite, & qu'en ont nos die-

tes

tes aujourd' hui. Les Palatins n'-
etoient que Gouverneurs des Provinces & en même tems Generaux
des Milices de leurs Provinces re-
spectives. Les Castelans n'etoient
que Commendants des Chateaux
situés dans les Provinces. Les Mi-
nistres, les Barons, les Dignitaires
& les Eveques y entroient egalement, mais ils etoient tous sou-
mis au pouvoir du Souverain;
Leurs opinions n'etoient que re-
presentatives, & les Princes avoient
droit de les accepter, ou de les
rejettér d'apres leurs Idées. Les
Roturiers même, avoient part sou-
vant aux deliberations de cette
façon convoquées, comme nous
le voyons dans l'assemblée de Wis-
lica l'an 1356.

Je demande, dis je, sous quel
Gouvernement ces Chateaux furent
construits & erigés sur des Rochers
escarpés, dont nous voyons encore parçi par la, des Groupes & des
vesti-

veſtiges? ces villes baties des briques, flanquées de hautes Murailles, dont il nous reſte encore un triſte Spectacle des ruines? C'eſt ſurement ſous des Princes hereditaires du Trou de la Pologne; c'eſt Caſimir le grand, Legislateur, bon Roi & amateur des beaux arts, qui immortaliſa ſon nom par tous ce qui nous reſte encore des Monumens antiques. On lui attribue le titre de Pere du Peuple, parce qu' il le protegoit de la Tyrannie des Proprietaires. Il merite le nom glorieux, qu' on attribue á Pierre le grand, car il etoit comme lui le Pere & Reformateur des ſes ſujets.

Et quoique ſous Louis, Roi d'Hongrie, Fils de la ſoeur de Caſimir le grand, qui aprés ſa mort fût élû Roi de Pologne au defaut de ſucceſſeurs de la ligne mâle des Piaſtes, l'autorite Royale eût reçu le premier échée, par quelques

 Pri-

Privileges, que ce Monarque se crut obligé d'accorder á la Noblesse; mais cependant cette autorité Royale se maintenoit & durant son Regne, malgré les Entreprises illegitimes & criminelles des seigneurs de vouloir usurper une partie du Gouvernement. La Pologne & sous la Famille des Jagellons aprés la Mort de Louis, introduite au tron, ne cessa pas encore de briller par les conquetes de Valachie, de Moldavie, de Kiowie, de Smolensk, de Cerniechovie, de l'ordre teutonique & de Courlandie, malgré que cette Famille regnante successivement, fût deja forcée par des circonstances du tems & des jntrigues de la Nation, de lui communiquer en partie majeure du pouvoir legislatif. Les seigneurs étoient deja plus forts, qui ne l'etoient sous les Rois Piastes, mais non obstant cette atteinte faite á l'autorité souveraine, on peut avouer d'aprés les

anna-

annales, que lors la France, l'Allemagne & l'Angleterre gemissoient sous le Gouvernement feodal, la Pologne même sous de Jagelons fût gouvernée plutôt monarchiquement qu'en forme de Republique, & elle faisoit des conquettes, épargnoit les guerres civiles, en n'ayant autant que les autres, des factions des feodeaux, ni le clergé si criminel comme il étoit d'ailleurs.

Malheuresement aprés l'extinction de ces deux Familles Regnantes, du tems á peu prés lorsque les autres etats de l'Europe, commencêrent a sécouer le joug, & á reprimer les usurpations de leurs petits Tyrans & á parvenir á se rendre plus respectables par un Forme de Gouvernement Analogue á la raison: La Pologne entra effectivement dans les desordres, d'ou les autres sortirent.

Ce

Ce fût sous les Rois électifs, dont le premier est Henri de Valois fils de Catarine de Medicis, Roi electif en Pologne, sous lequel naquit ce monstre du Gouvernement, qui succeda á nos jours & oú les seigneurs & la Noblesse acquirent en forme préscrite, le pouvoir Legislatif, qui commença á combatre contre celui du souverain: c'est l'epoque, d'oú il faut compler les Malheurs du Pays, sa decadence, & les Outrages, dont l'autorité Royale fût incessament chargée. Chaque Roi librement élû, augmentoit les Privileges de la Noblesse, pour concilier son Attachement: son pouvoir croissoit de tems en tems, & celui du souverain dimimeoit. A chaque Election plus le Regnant etoit Genereux envers les Familles, plus il en etoit persecuté & faisoit des Ingrats: l'autorité Royale lutant sans cesse contre celle de la Noblesse & des Familles puissantes. Les affaires publiques s'oublioient, & il n'etoit

que-

queftion que de celles, que l' Ambition de particuliers recherchoit.

Les Rois donc electifs felon les
circonftances, par lesquelles ils furent toujours contraints, s'etant
privé en tout du pouvoir fouverain,
& l'ayant transferé aux citoyens,
fe font defarmé de la force d'agir
d'aprés les mefures du tems & de
la politique: une multitude des petits fouverains l'ayant partagée &
avec elle mille objets, qui les met-
toit en factions & lesquels les difu-
niffoient: á l'occurence du bien
Publique, ne pouvant ni s'entendre,
ni avoir le même Zéle, ils ouvrent
de tout côté le Chemin á la con-
fufion & aux defordres. Les Puiffances Limitrophes s'étant dejà mis
fur une Syfteme analoque aux circonftances, voyant le Corps Politique
en anarchie & en convulfion, qu'on
ne laiffoit outre celá enflamer par
des factions entre les familles, ils
profitoient dans leurs entreprifes cha-
A 7
que

que fois concertées ; & ce fantome de la Monarchie Polonoife, des Vaftes contrées, composée des Provinces diverfement conquifes, commença á s'écrouler fenfiblement par des Revolutions fubsequantes, laiffant á la fois au Pays á chaque interregne des plaies cruéles.

Ce ne feroit que trop injufte d'attribuer en quelque façon la perte de tant des Provinces, á la partialité des Rois electifs, á leur Negligence, ä leur incapacité, oú au defaut de leur Politique. Il eft inconteftablement vrai, que la Pologne depuis le Régne de Henri de Valois eut le bonheur d'avoir parmis fes Rois Electifs jusqu' á nos jours de Grands hommes.

Stefan Battori d'un vafte Genie, & d'une Politique confummée s'il auroit vecu & regnê deux fiecles en avant, il auroit peut etre donné des Loix faux trois quarts de l'Europe,

tout

tout ce cependant qu'il a pû faire, avec de fi grands talens á l'avantage de cette fiere Republique, fe reduit á avoir conquis la Livonie, affuré quarante mille Cofaques d'ucraine pour la defenfe des Frontieres du coté des Tartares & de la Turquie, & á avois perfuadé á la Nation, que dans tel etât du Gouvernement elle ne pourroit que devenir un Jour la proie des voifins.

Les diffentions entre les Familles & leur la plus vicieufe mefiance, & ombrage envers le Rois Sigismond III. & fon fils Ladislas IV. elù aprés fa mort, lesquels l'un aprés l'autre faifoit des efforts d'unir la Suede avec la Pologne fous le même Tron, ne demontrent que trop, que les Polonois fe precipitoient dans la decadence, laiffa non feulement la plus belle occafion, de s'affurer l'empire fur la mer Baltique, la Livonie & la Courlandie; mais encore en allant á travers les Operations de ces bra-

ves

ves Monarques, ils furent cauſe,
que ces Princes perdirent á jamais
leur propreTron hereditaire enSuede,
& á la Pologne la Moldavie & Livonie, en lui laiſſant des guerres
les plus funeſtes avec la Suede, la
Moscovie & les Tartares.

L'indomptable carâctere de la
nobleſſe, l'ambition de grandes familles, nourries par l'eſprit d'independance, ont été pouſſé deja ſi
loin, que ceux derniers regardoient
le tron, comme un objet qui depen-
doit de leur caprice & de leur mer-
ci, & les premiers aequeroient l'
eſprit de remper devant les grands,
d'etre impertinant avec ſes egaux,
& de eroire que tout ce, qui n'etoit
pas noble, ne meritoit, que d'etre
maltraité cruellement. D'un tel
ſingulier Caractére des grands, &
de celui des petites familles ſe forme un nombre des petits ſouverains,
lequels on peut juſtement appeller
despotes, entre lesquels la Nobleſſe

se partagée par ses Intêrets, commença un actuelle Anarchie, que
dura dans la suite, & dont nous
voyons jusqu' aujourd - hui encore
des vestiges & des effets.

Les Cosaques maltraités par la
Noblesse se revoltêrent enfin, & ils
attirerent á la Pologne une nouvelle
Guerre avec les Turcs qui les avoient
pris sous leur protection. Jean Casimir plüs las de la fierté insuppor-
table des seigneurs, & du Caractere
brusqueux de la Noblesse, que des
guerres contre les Turcs Tartares, Cosaques & les Suedois, abdiqua le tron
enfin, & il laissa á Michel Wisnio-
wiecki de succomber entierement sous
les Turcs. La Pologne malgré, les
pertes qu' elle esuya du coté des
Russes, de la Suede & d' ailleurs,
fût reduit á payer le tribut á la Por-
te, dont sans delai avec les derniers
efforts de Jean Sobieski fût delivrée,
mais la Podolie avec son Kamie-
niek, & une partie d' Ucraine re-
stoient

ſtoient entre les Mains turques jusqu'au traité de Carlovitz.

Iean Sobieski, ce grand homme, ce Guerrier fortuné s'il eût eû á faire avec une Nation raiſonable, par ſes exploits hardis, par ſes talens heroiques, & une politique analogue á ce temſ lá & aux circonſtances, auroit peutêtre laiſſé une Gloire pareille á celle de plus grands Guerriers, que le Monde á eû jamais: Mais avec tout cela il fût plus perſecuté & contrecarré par la Nation qu'aucun autre. Et ſi ſa mort ne l'eût pas enlevé, les eſprits Criminels de ſes Antagoniſtes s'appoient ſon tron ayant forgé le cruel deſſein de l'en precipiter. Cette trame indigne fait ſeignér le coeur ſenſible en liſant ſon hiſtoire, qui decouvre le plus noir Caractere, d'une ingratitude de certaines Familles, — qui lui ont étoit durant ſon Regne contradictoires; envers un Liberateur

teur de la Patrie, & un le plus aimable
des Rois.

A l'etat plein des factions, de
partage, des opinions contradictoires l'un á l'autre des esprits in-
domptables du Gouvernement
Anarchique succederent les der-
niersRoisAugustes, Princes de Saxe,
& la Pologne au sein de la paix
profonde, que les traités de Car-
lowitz lui ont procuré, s'etoit
assoupit. Et tandis qu'elle dor-
moit, & ses Rois Augustes ruinoient
leur propre Principauté, les Puissances Limitrophes se renforcoient.
Le Prince de Brandebourg jadis
vassal de la Pologne devint une
Puissance respectable, la Russie re-
formée par son Legislateur Pierre
le grand, prît la figure d'un empire brillant, la Maison d'Autriche
se disposa á une Carriére, dont
elle jouit aujour d'hui, & toute
l'Europe entra en Systeme de
l'Equi-

l'Equilibre, de la fineſſe de la Politique.

Tandis que ces Revolutions s'operoient dans le voiſinage & dans l'Europe entiere, l'Eſprit Anarchique de la Nation polonoiſe ne s'occupoit, que des perſecutions internes entre les familles, des cppreſions des ſujets, des Voyages, du luxe dereglé: des pertes totales des fortunes d'où il vint que la Pologne a pris une forme beaucoup plus ſinguliere dans ſes moeurs & dans ſon Caractere. Les cerfs, ces pauvres gens, ces créatutes le plus deplorables, ſubmergés dans l'éſclavage, á peine conſervoient ils l'immage de l'homme. Les villes Royales devenant la proie des Staroſtes, leurs Privileges foulés aux Pieds par ces uſurpateurs, tomberent en ruine, & leurs habitans avillis ne chercherent que de s'abrever d'un liqueur dangereux, que les rendit en même tems ſtupides, inactives & découra-

courageux. Les Juifs devinrent Sen-
fales des Oppreſſeurs & l'Inſtrument
pour ſuçer le ſang des cerfs & des
Bourgeois. La petite Nobleſſe aſſer
vie par des Familles puiſſantes, ſe
fit l'objet de leur Caprice, des jeux
de leur Ambition, & etant ſans education & ſans bien, languiſſoit &
languit dans la pauvreté & une
fierte ſtupide. Les Seigneurs &
les Familles riches par leur voyage
dans les pays étrangers, au lieu de
s'entruire & de prendre des notions
ſur les circonſtances neceſſaires, á
leurPatrie, apportoient á leur retour,
un caractere bizare, une Education
deplacée, un mepris pour tout ce,
qui n'a pas connû le voyage, &
qui n'eût pas vanité de ſortir hors
des frontieres de ſon Pays natal;
une inſolence, une depravation des
Moeurs, & une moleſſe, qui etouf-
fa totalement l'eſprit National & du
Patriotisme. La Pologne donc á
la fois tomba non ſeulement dans l'

Anar-

Anarchie, mais ce qui eſt plus, dans un état avilli, mepriſé & la diviſion des Etrangers, ſans l'jnduſtrie, ſans les arts, ſans les ſciences, ſans le Patriotisme & ſans Caractere formé; un foyer de l'ambition des grands de la baſſeſſe de pauvre, de la Tyrannie des cerfs & du Fanatiſme & de la Superſtition des Eccleſiaſtiques,

C'eſt en vain, qu'on chercha dans nos Jours jetter la Pierre de ſa reforme, & de mettre la bride aux deſordres & á la diſſolution. C'eſt en vain, que le Roi actuel, Prince vertueux, doux & plein des talens, capable de reformer une Nation la plus incuſceptible de la raiſon, & de lui donner une exiſtence ferme & floriſſante, employoit á ſon avenement au trone des moyens pour combatre les abus, & pour ériger un Edifice á la Philoſophie, aprés que mille outrages enſanglanterent ſon Coeur Paternel

par

par des Pasquinades Crimineles, &
par des oppositions audacieuses &
dissolues dans les Dietes, on se
croisa enfin contre lui prenant pour
pretexte defendre la religion contre les Reformés & les Grécs qu'on
appelle disunis. Un Pretre nommé
Marc, de l'ordre des Carmes de-
chaussés, Hipocrite scelerat, dont
les actions sont assez connues, &
tant d'autres, unis á ses desseins
revoltants á l'exemple jadis de Pierre d'Hermire & de Bernard, également scelerats, qui furent les premiers pour precher des Croisades
dans l'onzieme & douzieme siecles
pour conquerir la Palestine & l'orient
& qui occaissionnerent tant de sang
repandu par une pure Epidemie
sacrée, á la quelle les Princes
regnants alors en Pologne n'ont jamais accedé, osa, dis je, le Cruci-
fix á la Main d'encourager des petits Esprits atroupés dans la ville
de Bar! on voyoit de tout côté ac-
courir des Fanatiques, excité dans

les confeſſioneaux, & trompés par la fineſſe de ceux qui furent á la tête de cette Revolte Civile, dont le but veritable n'etoit, que de plonger le fer au Coeur du Roi & de ceux qui aimoient la Patrie, comme il eſt conſtatté de l'attentat horrible de cette éſpece ſur ſa Perſonne ſacrée, dont le ſouvenir ſeul fait fremir le Citoyen vertueux! Le ſang verſé des tant d'innocentes victimes ſera á jamais redevable aux Eſprits turbulans des Familles & á la ſuperſtition!

Le Chatiment infligé enfin par le partage du pays, n'a fait pas aſſes de revolution, dans l'eſprit imbu de l'independance & de l'ambition. Le reſte de la Pologne partagée conſerve encore juſqu'au dernier tems presque les memes abus, le même Genie pour les factions, la même oppoſition, & inſubordination aux Loix & une haine contre le meilleur des Rois, laquelle dans chaque Diete

ſe

se fait demasquer sous pretext du patriotisme & du Zéle pour la Liberté, & pour le bien publique, qu'on ni entend veritablement, ni comprend, ni même on ne sait sur quoi la liberté & le bien publique doit consister. — Dans tel etat, ce pays malheureux sans defense, sans liaison & sans aucun rapport au Systême de la Politique, par tout generalement adopté; n'attend que son dernier destein d'être aneanti & ecrasé par un premier evenement entre les Puissances Limitrophes.

Voilá en peut de môts le tableaú fidel del'etat malheureux & de la decadence de la Pologne, desagréable sans doute aux yeux de ceux, qui font la cause de ce bouleversement, mais bien agréable á ces Citoyens vertueux, qui sont les Amis & les sidelles sujets du Prince, & qui aiment l'ordre, & tout

ce

ce qui puiſſe contribuer á relever leur Patrie!

.. Polonois! avez vous oublié, que nous ſommes dans le dixhuitieme ſiecle ; oú les Arts, les Sciences, l'Induſtrie, la Civiliſation, la Politique, la Police, & les maximes les plus recherchées dans le Gouvernement, ſont les premiers reſſorts des Nations, qui vous entourent? Ne rougiſſoient vous point de vegeter imbeciles, mepriſés, ſans reputation & ſans l'honneur national, & éfacés du tableau general de l'Europe ; au milieu de les Nations, qui jouiſſent leur role reſpectifs, qui floriſſent & qui concourrent au Corp Politique & á l'Equilibre de l'Europe? Etez vous privés de la ſenſibilité, ſi naturelles á l'homme de faurger de ſoi même les Chaines á votre poſterité; ou peut etre á vous même encore? Etez vous, dis je inſenſible d'etre les dernies Polonois, à preparer & á ériger le

Tom-

Tombeau á fa Patrie? je ferois trop injufte, pour vous imputer l'ignorance dans les chofes, dont il s'agit, vous favez trop, que dans l'Etat oú vous vous trouvez, on ne peut ni avancer, ni exifter plus en Corp d'etât, vous favez egalement, que moi, qui fe determina á vous le rappeller. Vous ne pouvez non plus ignorer le deftin, qui vous attend: ferez vous encore capables de fubfifter honteufement pour quelques années, & de fouffir cet affreux Gouvernement anarchique, qui eft la caufe de tant des Cataftrophes avrivées á votre chere Patrie, & qui l'abimera á jamais, fi vous le laiffez fubfifter plus longtems?

Il eft vrai, que le Corp Politique oú l'Etat d'une Nation, auffi bien, que le Corp de l'homme comencent á mourir depuis le moment de leur naiffance; ils portent en eux memes les caufes de leur deftruction. Mais l'un & l'autre peuvent avoir

un

une conftitution plus oü moins robufte
& propre á les conferver plûs oú
moins longtems. La conftitution de
l'homme eft l'ouvrage de la Nature,
Celle de l'etat eft l'ouvrage de l'art.
Il ne depend pas des hommes de
prolonger leur exiftence determinée
par la Nature, mais il eft entre leurs
Mains de prolonger celle de l'etat
auffi loin, qu'il eft poffible, en lui
donnant la meilleure conftitution,
qu'il puiffe avoir.

Le principe de la vie politique
confifte dans l'autorité fouveraine.
Ce principe, qui eft la Puiffance le-
gislative, eft leCoeur de l'etât, le pouvoir executif n'en eft, que le cerveau
qui donne le mouvement á toutes les
parties. Le Cerveau peut tomber en
paralifie, & l'individu vivre encore;
mais dés que le Coeur ceffe fes fon-
ctions, l'animal eft Mort.

C'eft ne point donc par les Loix,
que les Etats fubfiftent, les Loix fe
peuvent

peuvent changer & s'adopter á l'exigence du tems & de ſes circonſtances, c'eſt par le pouvoir de la ſouveraineté legislative bien conſtitué, indiviſible, inaliénable, inſuſceptible d'aucune Modification, & illimitée; car dés qu'on la limite, on la detruit. Cette puiſſance donc legislative dans la Monarchie eſt repoſée dans la ſeule Perſonne liée á la Nation, par des Loix fondementales, par lesquelles la perſonne, le bien, & la liberté du citoyen plus ou moins eſt garantie. Dans l'Ariſtocratie, elle eſt entre les mains d'un nombre determiné des perſonnes Nationales. Dans la Democratie, c'eſt le peuple & toute la Nation qui la compoſent. La Monarchie eſt bonne, pour les grands Etàts! L'Ariſtocratie pour les mediocres, & la Democratie pour les petits & pauvres.

Mais il eſt également á obſerver que toutes ſortes de Republiques

ſont

font plus fusceptibles de corruption, que l'étât monarchique bien confti-tué. Dans chaque forte des Republiques, l'autorité souveraine eft divifée entre les plufieurs; C'eft l'union de ces plufieurs, qui conftitue une feule volonté; & pour celá, il faut, que le Patriotisme, le Zéle, & l'Amour du bien publique & des affaires ne s'attiédifent jamais, & que l'interet particulier ceffe devant l'interèt publique.

Dans les Republiques naiffantes cela s'oppere & prospere heureufement, & fûr tout á l'Epoque, oú les Nations s'erigent en Corp de Republique d'un etat defpotique oú du fauvage en fe civilifant en même tems. On n'a jamais vû, qu'un etat corrumpu, & anarchique, fe format en Republique bien adminiftrée: ce feroit un evenement contre la Nature des chofes; & voilá un Exemple évident & le plus recentfur la Pologne.

Dans

Dans tout ce que j'y vienne tou-
cher je m'appuiois fur l'Hiſtoire,
qui fait connoitre ſon ancien & po-
ſterieur Gouvernement. Jamais la
Pologne ne fût gouvernée deſpoti-
quement, ni en pure Monarchie.
C'etoit une éſpece de la Monarchie
militaire ; où l'eſprit des puiſſans
Generaux & des Familles avoient
originairement le penchant de gra-
viter vers l'uſurpation du pouvoir
legiſlatif qui eſt effectivement un
principe de la Corruption : pendant
que les Monarques hereditaires re-
gnoient, cet eſprit fut toujours bridé.
Sous des Jagellons, qui n'etoient
que les ſucceſifs, il fût relachér
plus & animé, & conſequament
plus proche vers la Corruption. Et
lorsqu' enfin ſous des Rois électifs
devint affranchi generalement dans
toute la Nobleſſe, cet eſprit & ce
penchant a paſſé ſubitement dans
la diſſolution, par ce que toute ſa
diſpoſition étoit dejà pret á ſe cor-
rompre. C'eſt pourquoi nous ne

B 5

voyons

voyons aucune Republique fi tôt s'éclipfer, que la Nôtre.

A cette depravation de l'etat, á cette chûte & á l' Anarchie, le Clergé a non moins contribué de fon coté. Il eft inconteftable, que d'aprés les principes de la Politique, on trouve, que ce Corp par fes conftitutions ecclefiaftiques Papales, & non moins par fes ufurpatiores, dont la fource fût toujóurs Rome, dans tous les Pays en General; fait l'etat dans l'etat: Il impiete fur le droit de la fouveraineté dans les vues toujours mêmes, de former la Puiffance ecclefiaftique. Ses interèts donc font inconteftablement oppofés á ceux de l'etât feculier. Dans les Monarchies on les fait moderer & borner, tandis que dans les Etats libres fous le Droit du Citoyen, leur force eft fans limites; tel, que nous la voyons chez nous jusqu' á nos jours. Le pouvoir donc ecclefiaftique Civil du Clergé, joint á

celui

celui de la Nobleſſe, ſont capables de produire des convulſions & les desordres les plus dangereux dans l'etât mème, moins corrumpû & de le renverſer totalement.

Mais pour mieux voir l'evidence de l'etât de la Pologne il ne ſera pas des-apropos d'analiſer un peu ſon Coeur, vit il encore? — oú expirat il? d'abord on ne ſait oú on doit le chercher. == On voit le Roy, le Conſeil permanent, la Diete: Trois objets, qui du premier coups d'oeil, paroiſſent contenir quelque ſorte de mixture participante tantôt de l'etat Republique, tantot du Monarchique. Mais lorsqu'on y entre en examen, on reconnoit tout contraire. — Le Roi n'a qu'un vaine titre ſans avoir même part dans la ſouveraineté le-gislative. Son Nom au contraire ſouffre, lorsqu'on en abuſe dans les Actes des Legislations ſouvant prejudiciables á la ſaine Raiſon & á la Politique. — Le Conſeil Perma-
B 6 nent

nent eſt également une Magiſtrature ſinguliere — Elle paroit être le depòt du pouvoir legislatif, tandis qu'il n'a point de Liberté d'agir, & toutes les fois quand on la blame, le Roy ſouffre également — c'eſt donc la Diete, qui eſt le Coeur de l'etât que nous cherchons! Elle eſt compoſé des Commiſſaires, qu'on appelle nonces, choiſis par la Nobleſſe des Palatinats: Nobleſſe, l'Echo de ceux qui la gagnent. C'eſt donc les Repreſentans de la Nobleſſe qui conſtituant le pouvoir legislatif forment un etât purement des Nobles, puisque ni peuple ni les villes Municipales n'y entrent point — Sept millions d'ames on compte encore en Pologne; tout eſt en esclavage, car on ne le compte pour rien dans l'etât. —'Apeine il y aura t'il deux Cents mille Nobles en Pologne, qui jouiſſent seulement du Droit du Citoyen & le reſte n'y eſt pas compté! — Mais avec tout celá, cette Republique de la Nobleſſe, cet etat

le-

legislatif quelque éspece de forme du Gouvernement tient' il? On ne peut pas le decifrer — Il n'eſt ni ariſtocratique, ni democratique, ni même mixte. C'eſt une espece tout á fait étrange: Il faut voir au moins comment agit il? — Ce Corp de l'etât, ce pouvoir legiſtatif raſſemblé ſouvent d'un amas des Gens ſans experience, & ſans une ſcience, qui cet abſolument neceſſaire á des Gens d'etât, fait des Loix, des Conſtitutions, des Diſputes; donne des impulſions á ſes affaires particulieres, & oublie á tout ce, qui concerne la conſervation de l'etat, & ſa conſtitution en generale. Il chicane, il blame ſon Roi & ſon conſeil permanent ſans pouvoir, & il s'en diſſipe. — Il paroit qu'on n'a aucune Idée ſur ce que tout lié dans la Nature & ſe refere á un certain Syſtême. — Toutes les Nations de l'Europe ſont'y dejá entrées; & elles compoſent un Corp generalement rapporté l'un á l'autre; Elles

gra-

gravitent les uns vers les autres &
se balancent. C'est une marque evi-
dente des Corps vivans. La vie politique d'un Etât consiste sur ce mouvement, & sur des Relations Syste-
matiques, aux Principes actifs des
Etâts — Il n'ya pas d'apparence
que la Pologne y soit; — son Coeur
qui est le Corps legislatif, la Diete,
n'a point des signes de cette espece de Mouvement, qui consiste en
même tems sur la force reélle; qui
sont les Armées proportionnées á
l'etât; & le Tresor, & sur la force
relatife, qui n'est d'autre chose, que
le Conseil d'etat joint au Roi, étant
comme le depôt de tout pouvoir
propre á communiquer la vigueur,
& du mouvement á la vie politique
de l'etat. — Or comme la Pologne
manque de tout celá, consequement
son Coeur est deja rongé des vers.
Son Cerveau quoique fasse quelque
palpitation encore par des Legislations interieures; mais cela ne pour-
ra

ra jamais contribuer aux efprits vi-
taux du Coeur deja mort politiquement.

La Crife d'un etât fi precaire oú
chaque evenement entre les Puiffances limitrophes lui peuvent produire des Cataftrophes : Peut il conferver la tranquilité pour fes citoyens, méme pour ceux qui par
une ample fortune font le plus grand
poid dans le Corp legislatif? Peuvent ils franchement avouer de jouir
de la Liberté, laquelle doit être
veritablement le premier objêt de
chaque homme, comme un don le
plusprecieux de la Nature: mais
cette veritable Liberté fe trouve t'il
dans un Etat politiquement mort?
dans un Etat fans confideration par
dehors & rempli de préponderance
audedans. — On fe flatte alors de
poffeder en entier ce don facré,
lorsque le plus Puiffant, connoit la
rigueur des Loix ; Lorsqu' elles affu-
rent l'immunité du dernier & du plus

pauvre

pauvre Citoyen — Lorsque la force
& la confideration individuelle fe
tait devant le pouvoir executif de
l'Adminiftration, dont le but eft de
contenir chacun dans fa Sphere &
dans fon devoir. — Lorsque l'etat
fuit & peut de fe faire refpecter par
fes voifins, Lorsqu'il fe procure
leur liaifon politique, la Commu-
nication & des Benefices dans le
Commerce & dans tout ce qui le
puiffe rendre refpectable & heureux?
Peut on éfperer d'avoir tous ces
rapports dans un etât femblable
á celui de la Pologne; oú outre
les defauts fans nombre dans l'adminiftration interieure, le plus ne-
ceffaire Reffort lui manque pour fe
faire entendre dans l'objets politiques avec des Puiffances étrange-
res. Lorsque le Roi & fon confeil
permanant font fans pouvoir, croiroit
on que la Diete puiffe tenir lieu de
ce Reffort? Les Puiffances limitrophes pourroient ils jamais de fe communiquer dans les objets, qui exi-
gent

gent la plus fcrupuleufe discretion á un Corp des·Gens, dont la Conftitution fondamentale paroit être de n'avoir point de fecret, á un Corp dis je des Gens, qui outre les Connoiffances relatives á l'art du Miniftere, qui leur manque; nes'accorde jamais? Ce font le fecret aujord'hui des Cabinets impenetrables, & la cointe ligence d'un avec l'autre etât infenfible, qui donnent l'activité aux Nations dans leurs Rapport politiques & mutuels, qui non feulement contribuent á leur energie & au bonheur en general des Etats, mais ce qui eft plus á celui de leurs Citoyens en particulier, par des prerogatifs, que les nations bien gouvernées fe pretent mutuellement.

Voilá fur quoi le Declamateur des Dietes devroit s'arretter, & au lieu des vaines raifonnemens que fes préjugés antiques lui fourn.ffens fur la mal entendue Liberté, la croyant infeparable avec les desordres de fe convaincre fur la necef-
fité

fité de faire enfin un facrifice de
fon Ambition & de fes prejugés!

Je ne faurois enfin terminer la queftion qu'avec des Principes qui font les
plus promptes pour preter le fecours
á un etat abandonné de tout foin.

De rendre le tron fucceffif, de
donner la meilleure forme poffible
du Gouvernement & relative á des
circonftances du tems & des chofes;
de reformer les abus interieurs,
& de mollifier le joug des Cerfs,
par une Legislation digne du 18.
Siecle oú nous vivons, fut ce avec
quelque facrifice des Ufurpateurs.
C'eft ma conclufion; c'eft la voie
de la Patrie expirante: Et j'ofe dire,
c'eft le voeu de quelque une des
Nations limitrophes, dont le Syfteme ne paroit pas vifer á laiffer
rendre plus formidables fes concur-
rens par notre Catastrophe.